El fútbol y sus mejores trucos

La Esfera Kids

Texto: Sabine Janatschek, Sandra Noa
Ilustraciones: Hendrik Kranenberg
Fotos: Innenseiten: Seiten 6, 14, 18, 20, 22, 38, 42, 50, 62 © dpa; Seiten 2, 8, 12, 44 © picture alliance; Seiten 4, 34 © picture alliance/augenklick; Seite 16 © picture alliance / DeFodi Images | Joao Rico; Seite 24 © picture alliance / ZUMAPRESS.com | David Klein; Seite 26 © picture alliance / ZUMAPRESS.com | Ane Frosaker; Seite 30 © picture alliance / ZUMAPRESS.com | Ulrik Pedersen; Seite 32 © picture alliance / IPA | Felipe Mondino/IPA Sport | ipa-a; Seite 44 © picture alliance / NurPhoto | Giuseppe Maffia; Seite 54 © picture alliance / Newscom | David Klein; Seite 58 © picture alliance / empics | Adam Davy; Seite 60 © picture alliance / foto2press | Steffen Proessdorf; Seiten 52 ©picture alliance/augenklick/GES; Seite 36 ©picture alliance/HOCH ZWEI; Seite 56 ©picture alliance/Perenyi; Seiten 10, 28, 40, 48, © picture alliance/Sven Simon; Flaggen: © adobe.stock.com/createur

Producción íntegra: Schwager & Steinlein Verlag GmbH.

ISBN: 978-84-1384-916-4

Depósito legal: M-18287-2024
www.esferalibros.com

Índice

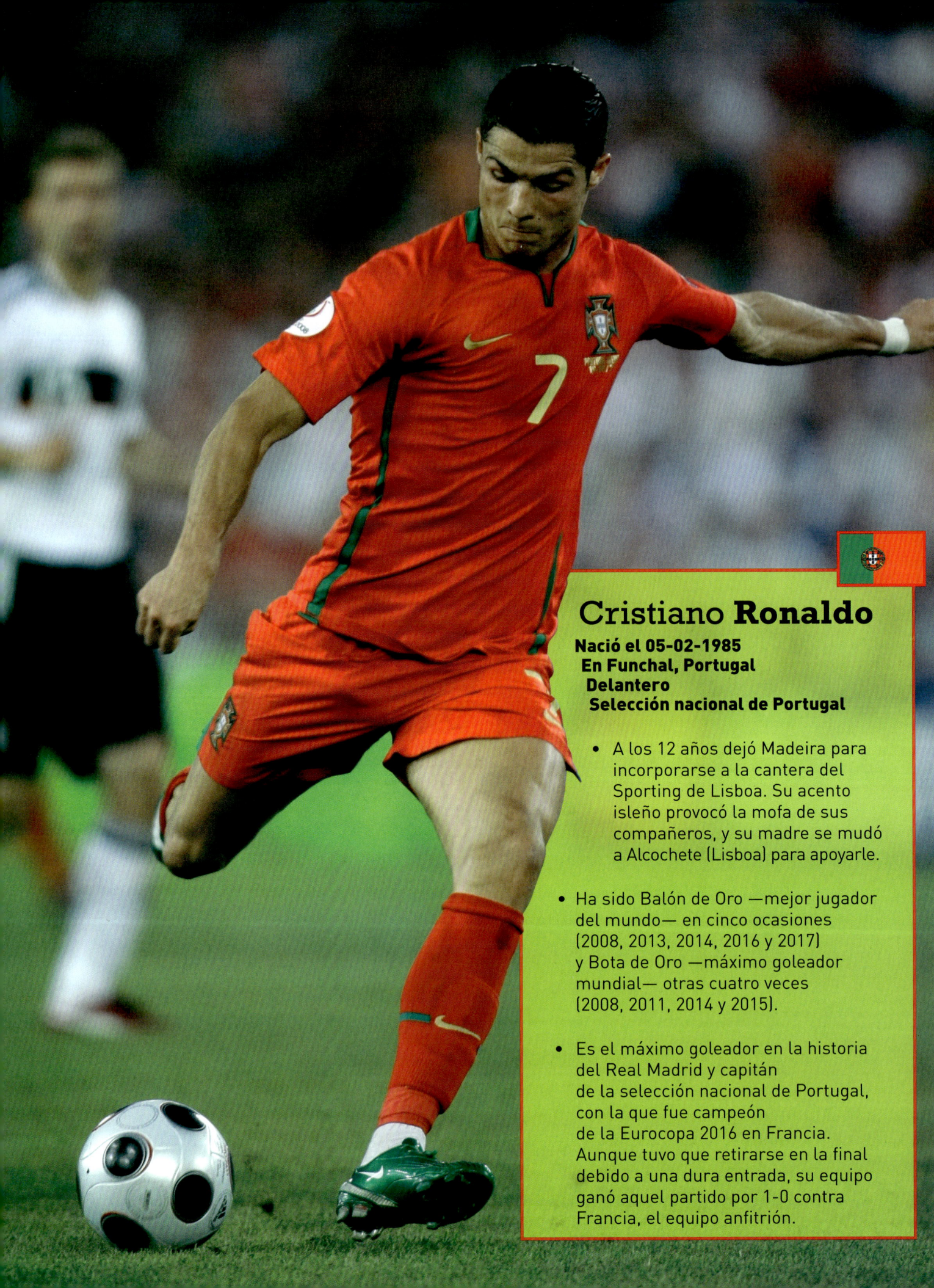

Cristiano **Ronaldo**

Nació el 05-02-1985
En Funchal, Portugal
Delantero
Selección nacional de Portugal

- A los 12 años dejó Madeira para incorporarse a la cantera del Sporting de Lisboa. Su acento isleño provocó la mofa de sus compañeros, y su madre se mudó a Alcochete (Lisboa) para apoyarle.

- Ha sido Balón de Oro —mejor jugador del mundo— en cinco ocasiones (2008, 2013, 2014, 2016 y 2017) y Bota de Oro —máximo goleador mundial— otras cuatro veces (2008, 2011, 2014 y 2015).

- Es el máximo goleador en la historia del Real Madrid y capitán de la selección nacional de Portugal, con la que fue campeón de la Eurocopa 2016 en Francia. Aunque tuvo que retirarse en la final debido a una dura entrada, su equipo ganó aquel partido por 1-0 contra Francia, el equipo anfitrión.

La bicicleta

El portugués tiene un enorme talento para marcar goles espectaculares y domina trucos impresionantes. Su marca registrada es la doble bicicleta: consiste en pasar un pie por encima del balón y después el otro, pero sin tocar la pelota. El movimiento hay que hacerlo muy rápido para que sea efectivo.

PASO 1: Mientras el balón rueda, sitúate en una posición estable antes de iniciar la jugada. Generalmente, a un lado del balón, el izquierdo en nuestro ejemplo.

PASO 2: Apóyate sobre el pie izquierdo y levanta la pierna derecha en un movimiento de interior a exterior, trazando un arco por encima del balón, pero sin tocarlo.

PASO 3: Pasa el peso al pie derecho y haz el mismo movimiento con la izquierda. El primer cambio ya deja a tu oponente desorientado, sin saber hacia dónde vas a ir.

PASO 4: Repite estos pasos las veces que creas necesario. Tras la última bicicleta, dribla a tu oponente con la parte exterior del pie derecho y aléjate rápidamente.

Robin **Gosens**

Nació el 05-07-1994
En Emmerich am Rhein, Alemania
Defensa
Selección nacional de Alemania

- Robin tiene tanto la nacionalidad alemana como la neerlandesa. Su padre es neerlandés y su madre, alemana.

- Robin Everardus Gosens estuvo a punto de jugar en la selección neerlandesa cuando se lo ofreció la federación de ese país, pero prefirió jugar con Alemania.

- Originalmente, Gosens quería ser policía, pero abandonó esa idea para ser futbolista.

- Además, estudia Psicología.

- Robin Gosens organiza, junto con su fundación, campamentos de mentalidad en los que jóvenes futbolistas se preparan para afrontar desafíos dentro y fuera del campo.

La finta hacia atrás

Al jugador no le gusta hablar de su propio rendimiento, no es nada individualista y prefiere ver al equipo como un todo. Es capaz de realizar trucos y maniobras engañosas, como esta. Con un poco de práctica, tú también puedes hacerlo.

PASO 1: Tienes el balón en el pie derecho. Coloca la suela sobre el mismo y...

PASO 2: ... arrastra el balón detrás de ti.

PASO 3: Con el empeine, mueve el balón hacia atrás, a la izquierda. Ahora tu oponente piensa que vas a jugar con el tacón y defenderá según esta suposición.

PASO 4: En lugar de eso, te llevarás el balón de nuevo hacia la derecha con otro toque y avanzamos rápido por la derecha.

Frenkie de Jong

Nació el 12-05-1997
En Arkel, Países Bajos
Centrocampista
Selección nacional de Holanda

- Frenkie de Jong está considerado uno de los mayores talentos futbolísticos de Holanda y del fútbol mundial.

- En el verano de 2015, de Jong dejó su club juvenil, el Willem II, y fichó por el Ajax de Ámsterdam... ¡que pagó solo un euro por el traspaso! En el verano de 2019, el FC Barcelona se lo llevó por 75 millones de euros.

- En la temporada 2018-2019 de Jong fue espectacular. En la Champions League de ese año eliminaron al Real Madrid en octavos de final y a la Juventus en cuartos. Y Frenkie rindió a un nivel fantástico. Su equipo cayó en semifinales contra el Tottenham Hotspurs.

- Desde su fichaje por el Barcelona es el futbolista holandés mejor pagado.

La croqueta

«La croqueta» es, en realidad, la firma del veterano Andrés Iniesta. Pero Frenkie de Jong también domina esta técnica a la perfección: en cuanto está en posesión del balón, es capaz de identificar la mejor ruta hacia la portería. A menudo se deshace de dos defensas a la vez, del mismo modo que una croqueta se forma pasando la masa de una mano a la otra; en este caso, se trata de pasar el balón de un pie al otro.

PASO 1: El balón está junto al pie derecho. Cuando el adversario intente quitártelo, pasa el peso al pie izquierdo y toca el balón con el interior del pie derecho...

PASO 2: ... un poquito hacia la izquierda. Pasa el peso un instante al pie derecho para recibir el balón con el izquierdo.

PASO 3: Chuta con la pierna zurda hacia adelante entre ambos adversarios. ¡Ya solo te queda sortear al portero!

Consejo de profesional:
Una vez libre de marcajes, puedes avanzar con el balón hacia la portería o pasárselo a uno de tus compañeros de equipo.

Jamal **Musiala**

Nació el 26-02-2003
En Suttgart, Alemania
Centrocampista
Selección nacional de Alemania

- Musiala creció en una familia internacional: su madre es alemana con raíces polacas y su padre procede de Nigeria.

- Cuando Jamal tenía siete años, su familia se mudó a Inglaterra. En un campamento de vacaciones, se fijaron en él los ojeadores del Southampton, que lo incorporaron a su equipo, aunque en pocos meses dio el salto a las categorías inferiores del Chelsea.

- A los 16 años, debido a algunos asuntos personales y a la inminente salida del Reino Unido de la Unión Europea, la familia se fue de Inglaterra. Musiala tuvo muchas ofertas de clubes, pero se decidió por el Bayern de Múnich.

- Como juvenil, Musiala ha jugado tanto con la selección alemana como con la inglesa.

El giro de rosca

El alemán siempre está dando giros sorprendentes, como en este truco. Con él, lo que busca es desequilibrar a su oponente para superarlo.

PASO 1: Avanza hacia el adversario. Como si no te hubieras dado cuenta de su presencia, simula que vas a chutar con la derecha. ¡Tienes que actuar de forma muy convincente!

PASO 2: Tu oponente querrá bloquear el balón. Pero tú, en lugar de chutar, usas el exterior del empeine del pie derecho para llevarte el balón hacia atrás...

PASO 3: ... giras todo el cuerpo hacia la derecha y...

PASO 4: ... ya puedes continuar avanzando por el espacio libre.

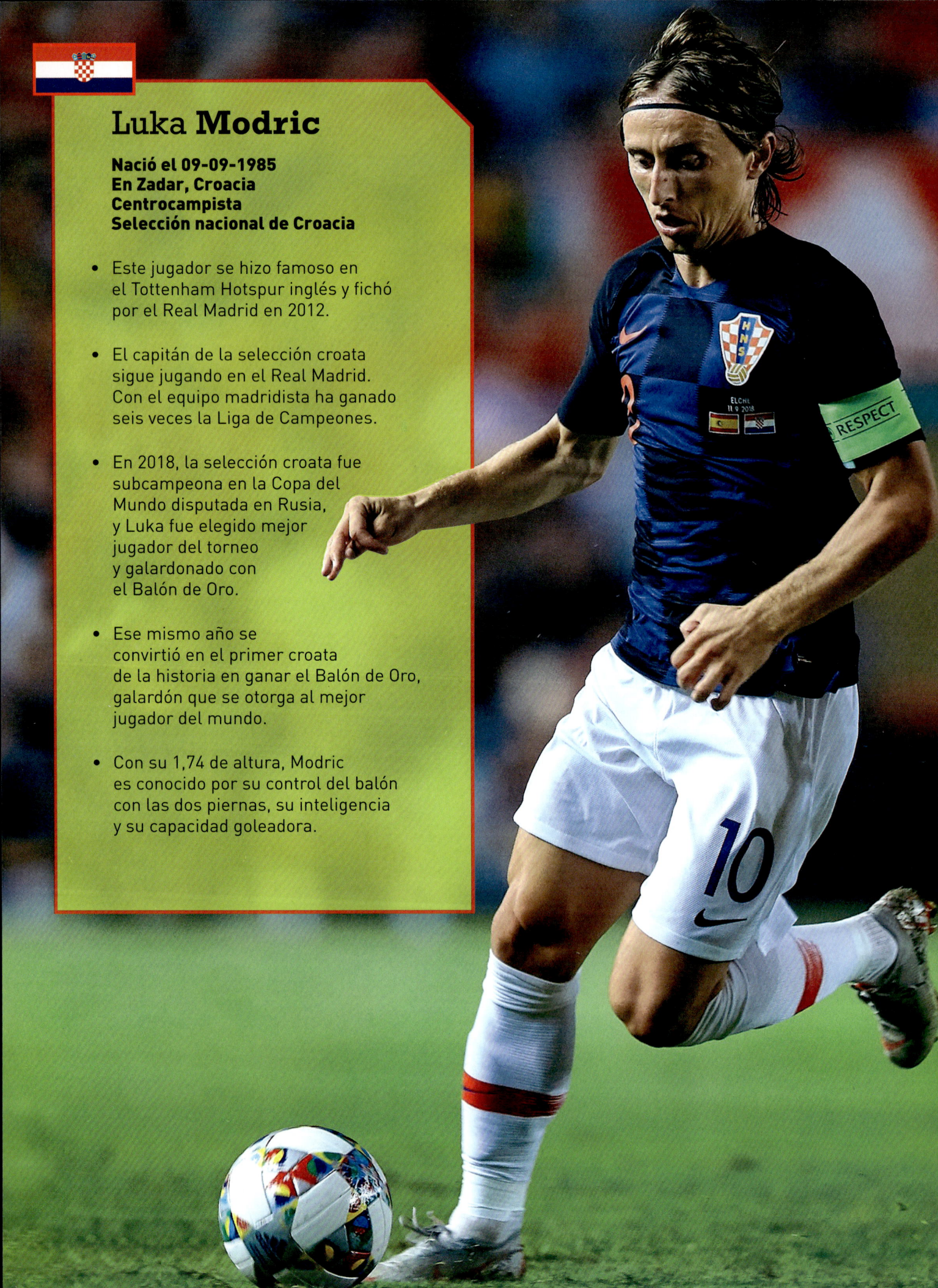

Luka **Modric**

Nació el 09-09-1985
En Zadar, Croacia
Centrocampista
Selección nacional de Croacia

- Este jugador se hizo famoso en el Tottenham Hotspur inglés y fichó por el Real Madrid en 2012.

- El capitán de la selección croata sigue jugando en el Real Madrid. Con el equipo madridista ha ganado seis veces la Liga de Campeones.

- En 2018, la selección croata fue subcampeona en la Copa del Mundo disputada en Rusia, y Luka fue elegido mejor jugador del torneo y galardonado con el Balón de Oro.

- Ese mismo año se convirtió en el primer croata de la historia en ganar el Balón de Oro, galardón que se otorga al mejor jugador del mundo.

- Con su 1,74 de altura, Modric es conocido por su control del balón con las dos piernas, su inteligencia y su capacidad goleadora.

La doble tijera

Modric es especialmente hábil en el uno contra uno. Lo más importante de esta finta es que la ejecuta muy rápidamente, lo que le permite superar al rival. La finta recibe este nombre porque los pies hacen un movimiento en el aire similar a unas tijeras abiertas si miras desde arriba.

PASO 1: Dribla con la parte exterior del pie derecho y pásalo rápidamente, pegado al suelo, por la izquierda y más allá del balón, para...

PASO 2: ... acercar el pie izquierdo al balón. Tu oponente pensará que vas a chutar hacia su izquierda. Pero en cuanto tengas el peso apoyado sobre el pie derecho...

PASO 3: ... haz el mismo movimiento con la pierna izquierda, pasando este pie al otro lado del balón. Esta vez tu adversario creerá que te quieres ir por su derecha. Pero vuelve a equivocarse, ya que...

PASO 4: ... tan pronto estás a la izquierda del balón sobre tu pie izquierdo, driblas con la parte exterior del pie derecho rebasando a tu adversario.

Joshua **Kimmich**

Nació el 08-02-1995
En Rottweil, Alemania
Centrocampista
Selección nacional de Alemania

- Tras pasar por las categorías inferiores del VfB Stuttgart, Kimmich jugó una temporada con el Leipzig en la segunda división alemana, antes de fichar por el Bayern de Múnich en 2015.

- En 2017, Kimmich compartió pantalla con sus compañeros de equipo del Bayern de Múnich, David Alaba y Mats Hummels, en la comedia cinematográfica *Fack ju Göhte 3*, donde apareció como extra.

- También en 2017, Joshua fue nombrado Jugador Nacional del año tras ganar la Copa Confederaciones.

- En 2020 ganó la Champions League con el Bayern de Múnich.

El regate retardado

Joshua Kimmich no solo brilla por su habilidad en las jugadas a balón parado, también es casi imbatible cuando se trata de correr alrededor de sus adversarios. Con esta táctica de despiste ha conseguido impedir en numerosas ocasiones que los jugadores del equipo rival consigan hacerse con el balón. ¡Pruébalo en tu próximo partido!

PASO 1: Pasas con el balón junto a tu oponente realizando un regate normal.

PASO 2: De repente, paras el balón un instante con la parte exterior de tu pie derecho.

PASO 3: El defensa que has dejado atrás también se detendrá. Entonces, cambiando rápidamente de ritmo, te diriges hacia la portería o pasas el balón al compañero desmarcado más cercano.

Consejo de profesional:
¡Cuanto más rápido arranques de nuevo, menores serán las posibilidades de que tu rival te alcance!

Vinicius **Júnior**

Nació el 12-07-2000
En San Gonzalo, Brasil
Delantero
Selección nacional de Brasil

- Antes de dar el salto a Europa, el extremo brasileño jugó doce años con su club de origen, el Flamengo de Río de Janeiro.

- A finales de 2017, se cerró su fichaje por el Real Madrid, que se concretó para la temporada 2018-2019.

- Con solo 23 años, Vinicius ya ha ganado dos Champions con el Real Madrid.

La finta brasileña

Vinicius tiene un amplio repertorio de regates. Con sus maniobras de despiste puedes librarte de los defensas y llevarte el balón en la dirección contraria.

PASO 1: Avanza con la pelota pegada al pie izquierdo en dirección a tu oponente.

PASO 2: Con el interior del pie izquierdo finges dar un pase. Pero, en lugar de ello, saltas por encima del balón...

PASO 3: ... aterrizas sobre el pie izquierdo junto a la pelota y pasas todo el peso a esa pierna.

PASO 4: Impulsa enseguida el balón con el interior del pie derecho hacia la izquierda, la dirección contraria a la que se espera, ¡y ya tienes vía libre a la portería!

Leroy Sané

Nació el 10-01-1996
En Essen, Alemania
Centrocampista
Selección nacional de Alemania

- En 2015, Leroy Sané debutó con la selección alemana.

- Sorprendentemente, no fue escogido por el seleccionador nacional Joachim Löw para jugar el Mundial de 2018. A pesar de ello se ha terminado convirtiendo en una pieza fundamental del equipo alemán.

- Jugó en el Manchester City, equipo con el que ganó muchos títulos en Inglaterra. Los más importantes fueron las Premier League de 2018 y 2019.

- Después se marchó al Bayern de Múnich, equipo con el que ha ganado tres veces la Bundesliga.

La finta por la espalda

El jugador alemán no solo es famoso por su habilidad en el sprint y el regate. Sus pases también sorprenden a sus rivales. Este en concreto lo ejecuta discretamente por la espalda para retrasar la reacción del defensa y que no pueda hacer nada para salvar la ocasión.

PASO 1: Detén tu avance con el balón y colócate de forma estable sobre tu pierna derecha. Pasa el pie izquierdo por encima del balón y...

PASO 2: ... colócalo delante protegiéndolo. A continuación, con cuidado, mueve la pelota con el interior del pie derecho hasta hacerlo pasar por detrás del talón del pie izquierdo.

PASO 3: Toma impulso y chuta con la parte exterior del pie retrasado, el derecho, hacia la derecha.

PASO 4: Desenreda las piernas y ya puedes continuar con el juego.

Erling **Haaland**

Nació el 21-07-2000
En Leeds, Reino Unido
Delantero
Selección nacional de Noruega

- El padre de Erling Haaland también era futbolista profesional y acababa de ser traspasado del Leeds United al Manchester City cuando nació Erling.

- Desde su infancia y juventud, Erling Haaland ha sido siempre un gran goleador.

- A los 15 años debutó en la segunda división noruega.

- Tras su fichaje por el Borussia Dortmund, Haaland estaba tan solicitado por la prensa que el club y la selección nacional le impidieron conceder entrevistas para protegerlo.

- Para mantener la cabeza fría en sus ocasiones de gol frente a sus adversarios, Haaland medita antes de cada partido.

El truco con la suela

Como delantero hábil y goleador, Haaland domina un montón de regates y maniobras engañosas, como esta. Este truco hará que los rivales se vayan de vacío cuando intenten atacarte por el costado.

PASO 1: Con un adversario situado a tu derecha, detente y simula un centro o un pase.

PASO 2: En lugar de golpear el balón, písalo y muévelo con el interior del pie izquierdo hasta situarlo detrás del pie derecho sobre el cual te apoyas.

PASO 3: Ahora gírate para encarar al adversario, si este no está muy cerca, o para darle la espalda, si lo tienes pegado a ti.

PASO 4: Vete con el balón en la misma dirección por la que has venido. Estás haciendo exactamente lo contrario de lo que esperaba el defensa que tenías pegado a tus talones.

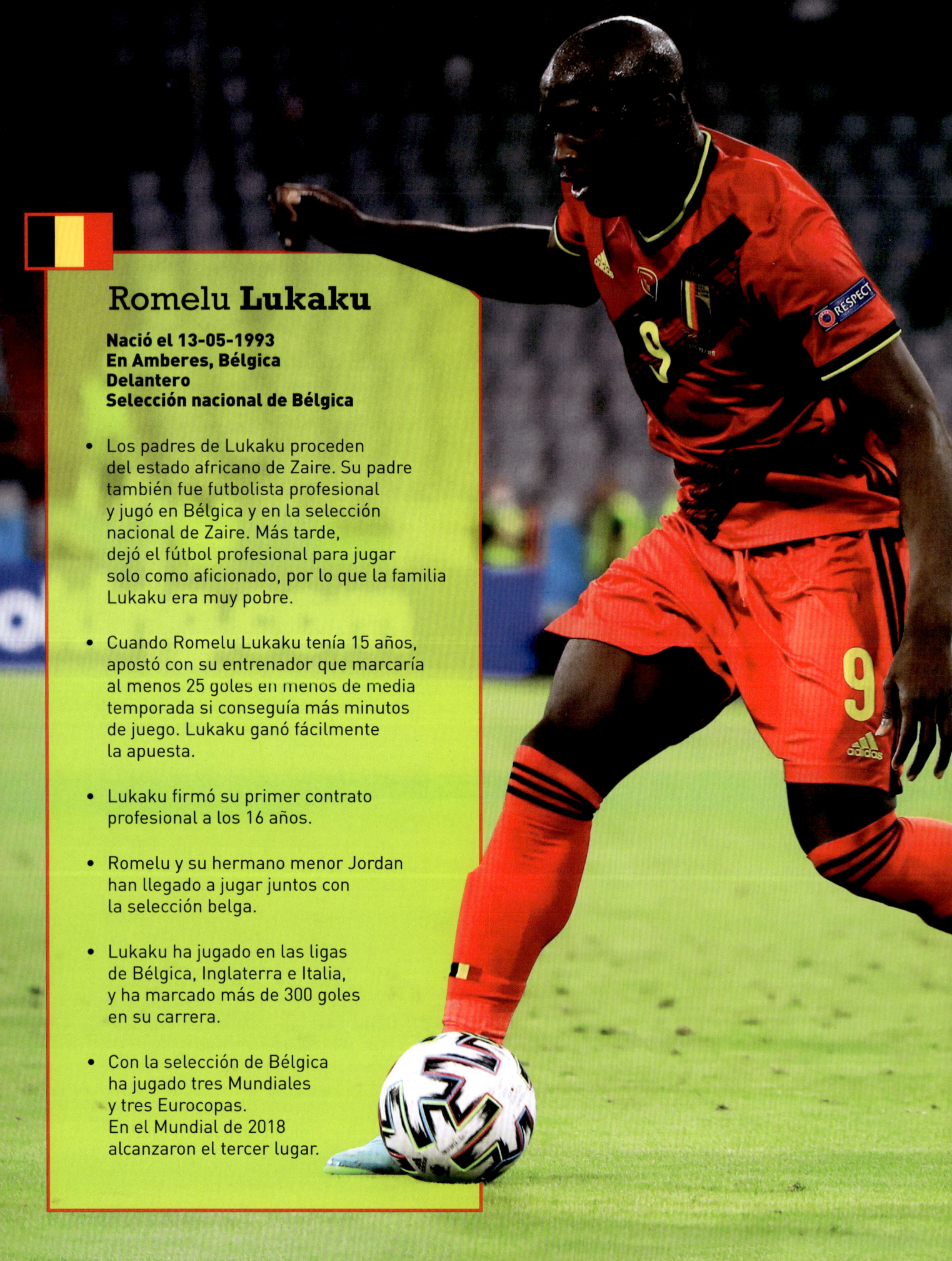

Romelu **Lukaku**

Nació el 13-05-1993
En Amberes, Bélgica
Delantero
Selección nacional de Bélgica

- Los padres de Lukaku proceden del estado africano de Zaire. Su padre también fue futbolista profesional y jugó en Bélgica y en la selección nacional de Zaire. Más tarde, dejó el fútbol profesional para jugar solo como aficionado, por lo que la familia Lukaku era muy pobre.

- Cuando Romelu Lukaku tenía 15 años, apostó con su entrenador que marcaría al menos 25 goles en menos de media temporada si conseguía más minutos de juego. Lukaku ganó fácilmente la apuesta.

- Lukaku firmó su primer contrato profesional a los 16 años.

- Romelu y su hermano menor Jordan han llegado a jugar juntos con la selección belga.

- Lukaku ha jugado en las ligas de Bélgica, Inglaterra e Italia, y ha marcado más de 300 goles en su carrera.

- Con la selección de Bélgica ha jugado tres Mundiales y tres Eurocopas. En el Mundial de 2018 alcanzaron el tercer lugar.

El puente

A este jugador ambidiestro le gusta crear ocasiones de gol deshaciéndose de sus defensores. Uno de sus regates favoritos consiste en pasar el balón por un lado del defensa mientras él le supera por el otro lado.

PASO 1: Te acercas de forma decidida al defensa. Te detienes justo frente a él y colocas el pie derecho sobre el balón.

PASO 2: Con el pie derecho, mueves el balón un poco hacia el interior e inmediatamente lo chutas con el interior del pie izquierdo...

PASO 3: ... haciendo que supere por tu derecha al adversario. Al mismo tiempo, empiezas a correr hacia la izquierda.

PASO 4: Antes de que el adversario se dé cuenta de tu jugada, el balón y tú estaréis situados detrás de él.

Harry **Kane**

**En Londres, Reino Unido
Nació el 28-07-1993**
Delantero
Selección nacional de Inglaterra

- Kane fue a la misma escuela de fútbol que el famosísimo David Beckham.

- En la temporada 2014-2015, Harry Kane se convirtió en jugador habitual de su club favorito, el Tottenham Hotspurs. Ha sido uno de los goleadores más grandes.

- Actualmente, juega en el Bayern de Múnich.

- Harry Kane es padre de cuatro hijos.

El autopase de cabeza

Además de caracterizarse por su rapidez, este jugador de nivel mundial debe saber golpear la pelota tanto con la pierna derecha como con la izquierda. Y también sabe utilizar la cabeza, en el sentido literal.

PASO 1: Controla el vuelo del balón con la mirada y colócate de forma que el balón se dirija a tu cabeza.

PASO 2: Flexiona un poco las rodillas para dar un cabezazo potente que envíe el balón por encima del adversario que tienes a tus espaldas.

PASO 3: Mientras el balón sigue en el aire, gírate y rebasa a tu contrincante en dirección al balón, ¡bien hecho!

Martin **Ødegaard**

Nació el 17-12-1998
En Drammen, Noruega
Centrocampista
Selección nacional de Noruega

- Odegaard debutó a los 15 años y 151 días en la primera división noruega y es el jugador más joven que ha disputado esta competición.

- También debutó pronto con la selección noruega: con 15 años y 300 días es el jugador más joven que ha jugado con su equipo nacional.

- Antes de cumplir 16 años, había estado a prueba en equipos como el Bayern de Múnich o el Manchester United.

- Jugó en el Real Madrid y actualmente milita en el Arsenal, donde es una de las estrellas de la Premier League.

La rabona

Para generar oportunidades en la portería contraria, Odegaard muestra mucho ingenio a la hora de superar a sus oponentes.

PASO 1: Detente, pon el pie derecho en sentido transversal sobre el balón y muévelo diagonalmente con la suela hacia delante. Al hacerlo, la puntera del pie apunta hacia afuera.

PASO 3: ... pasa el pie izquierdo por encima y alrededor del balón. De esta forma, cruzas la pierna izquierda por delante de la derecha, y dejas el balón a tu izquierda.

PASO 2: Coloca el pie derecho a la izquierda del balón. Mientras la pelota se mueve lentamente hacia adelante...

PASO 4: Pasa la pierna derecha por detrás de la izquierda y toca el balón con la punta del pie derecho en la dirección en que quieres correr. Devuelve el peso al pie derecho y mueve el izquierdo de nuevo a su lugar.

Antoine **Griezmann**

Nació el 21-03-1991
En Mâcon, Francia
Delantero
Selección nacional de Francia

- En su infancia era considerado demasiado pequeño, ligero y debilucho para jugar al fútbol.

- Al inicio de su carrera, cuando empezó a jugar en la Real Sociedad, le pusieron el apodo de «pollito». La razón era sencilla: Griezmann tenía solo 14 años.

- Dado que siempre ha jugado en clubes españoles, habla español con fluidez.

- En la Eurocopa de 2016, Griezmann fue máximo goleador y lo eligieron mejor jugador del torneo. Aunque Francia no pudo ser campeona (quedó segunda).

  - Pero dos años más tarde, en 2018, ganó el Mundial que se jugó en Rusia. En la final, contra Croacia, marcó un gol y dio dos asistencias.

Punta, tacón, gol

Aunque el talentoso goleador esté de espaldas a la portería, es capaz de marcar. Esta técnica funciona mejor con los balones rasos que llegan desde un lado.

PASO 1: Muévete un poco hacia el balón y colócate con el hombro derecho hacia la portería. Desplaza el peso a tu pierna derecha, levanta el pie izquierdo y...

PASO 2: ... deja rodar el balón por debajo.

PASO 3: Inclínate hacia adelante al mismo tiempo que golpeas la pelota con el interior del pie izquierdo.

PASO 4: Para que el balón salga con la fuerza suficiente, eleva bien la pierna para impulsarlo. ¡Seguro que el portero no se lo esperaba!

Victor **Osimhen**

Nació el 29-12-1998
En Lagos, Nigeria
Delantero
Selección nacional de Nigeria

- En 2015, Victor Osimhen fue elegido mejor jugador juvenil de Nigeria. Ese mismo año, ganó la Copa del Mundo sub-17 con su selección y fue elegido mejor jugador del torneo.

- Ha jugado como profesional en Alemania, Bélgica, Francia e Italia.

- Gracias a sus goles, es una de las estrellas del Nápoles, equipo con el que ganó la Liga italiana en la temporada 2022-2023.

La finta lateral

A menudo, el delantero simplemente corre hacia adelante, buscando la portería.
Pero el nigeriano también domina varias fintas. Esta es una de las básicas que debe conocer
todo jugador que se precie: engañar al oponente con la finta lateral..

PASO 1: Corres con el balón de forma
decidida, directamente hacia
tu adversario.

PASO 2: De repente, das un amplio paso
hacia la izquierda y adelante.
Como el balón sigue rodando, debes...

PASO 3: ... desplazar tu peso a la pierna
izquierda tan deprisa como puedas.
Y entonces debes cambiar de dirección
hacia la derecha...

PASO 4: ... mientras te llevas la pelota
con la parte exterior del pie derecho.
Ahora podrás rebasar a tu adversario
por la derecha y seguir avanzando.

Mohamed **Salah**

Nació el 15-06-1992
En Basyoun, Egipto
Delantero
Selección nacional de Egipto

- Ha sido dos veces el mejor futbolista africano del año, en 2017 y 2018.

- Salah no solo brilla en el campo: durante un partido de su selección nacional robaron en casa de sus padres, pero Salah se encargó de que no se castigara al ladrón. Al contrario: le dio dinero y le ayudó. Además, ha puesto enmarcha muchas obras benéficas en zonas pobres de Egipto.

- Ha sido tres veces máximo goleador de la Premier League y en 2018 le dieron el Premio Puskás al gol más bonito del año.

- Su mayor éxito fue ganar la Liga de Campeones, algo que consiguió con el Liverpool la temporada 2018-2019.

Giro engañoso

Salah es una amenaza desde cualquier parte del área. Es muy hábil con la pelota y realiza todo tipo de regates. Una de sus maniobras favoritas es un amago combinado con un giro. Así puede aprovechar la sorpresa del defensa para desmarcarse y disparar a puerta. ¡Comprueba tú mismo cómo funciona!

PASO 1: Mientras te llega el pase, colócate en diagonal a la línea de tiro, y al mismo tiempo gírate hacia la dirección a la que no quieres disparar. En este caso...

PASO 2: ... la contraria a la de la portería. El defensa te cubre por este lado. Después, al recibir el balón, cambias el giro y te desplazas hacia el interior.

PASO 3: Aprovechando que has dejado al defensa desplazado, disparas con el interior del pie, apuntando al segundo palo.

Consejo de profesional:
¿Chutas con la pierna izquierda? No hay problema: entonces deberías colocarte a la derecha de la portería para así poder disparar con la zurda tras el giro. Naturalmente, todos los trucos de este libro pueden practicarse con ambas piernas.

Lionel **Messi**

**Nació el 24-06-1987
En Rosario, Argentina
Delantero
Selección nacional de Argentina**

- Cuando solo tenía 13 años, Messi impresionó a los entrenadores de las categorías del Barcelona en unos entrenamientos, y estos decidieron ficharlo inmediatamente.

- Messi es uno de los mejores jugadores de todos los tiempos, ha ganado ocho veces el Balón de Oro que se entrega al mejor jugador del año.

- Ganó todas las competiciones de clubes con su equipo de casi toda la vida, el Barcelona, incluida la Champions League, que ganó tres veces.

- Con la selección argentina, fue campeón del mundo en Qatar 2022.

El sombrero de Messi

A menudo, en sus regates parece que el balón esté pegado a sus pies, independientemente de lo rápido que corra. A este crac le encanta levantar el balón por encima del defensa que lo marca. Pruébalo tú también, pero solo cuando te llegue el balón a media altura.

PASO 1: Recibe el pase alto de tu compañero con el pecho, de modo que al caer el balón puedas tocarlo con el pie antes de que caiga al suelo.

PASO 2: Tan pronto como el balón descienda desde tu pecho, eleva tu pierna buena (en el caso de Messi, la izquierda).

PASO 3: Sin que el balón llegue al suelo, lánzalo...

PASO 4: ... hacia arriba por encima de la cabeza del defensa que quiere quitártelo. Y después rodea al sorprendido defensa, corre tras el balón y... ¡vete solo a marcar el gol!

Alexandra **Popp**

Nació el 06-04-1991
En Witten, Alemania
Delantera
Selección nacional de Alemania

- Estaba en una de las escuelas de élite de la Federación Alemana de Fútbol. Alexandra Popp era la única chica en aquel grupo, y se entrenó con el equipo juvenil del Schalke 04.

- En el Mundial sub-20 de 2010, fue campeona con su selección, y además se llevó los premios de Máxima Goleadora y Mejor Jugadora del torneo.

- Ha ganado dos veces la Champions League femenina con el Wolfsburgo, y en 2016 formó parte de la selección alemana que ganó la medalla de oro de los Juegos Olímpicos celebrados en Brasil.

Tocar y seguir

Cuando Popp avanza hacia la portería, a veces tiene que girarse rápidamente y utilizar este truco, que le permite deshacerse de la presión de las rivales haciendo un pequeño parón.

PASO 1: Corre a un ritmo medio con el balón pegado al pie derecho. Para preparar el regate, deja que el balón se aleje un poco. Ten cuidado de que al hacerlo no le des a un rival la oportunidad de llevárselo.

PASO 2: Frena y pisa el balón con el pie derecho, y...

PASO 3: ... llévatelo con el pie izquierdo sin apoyar antes el derecho en el suelo.

PASO 4: Así evitarás la entrada de tu contrincante, que tendrá problemas para seguirte porque quedará descolocado al creer que ibas a hacer una breve pausa.

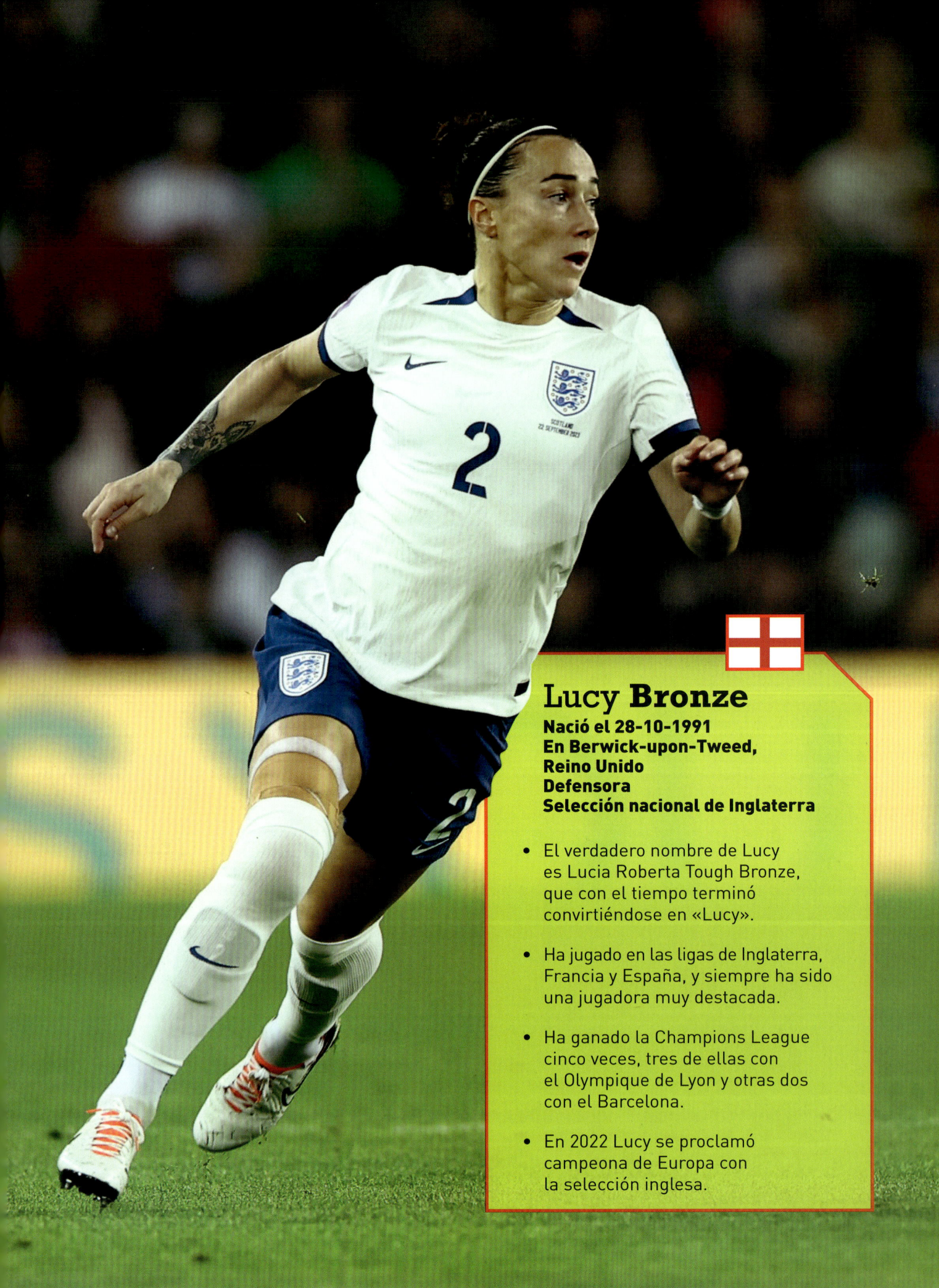

Lucy **Bronze**

Nació el 28-10-1991
En Berwick-upon-Tweed,
Reino Unido
Defensora
Selección nacional de Inglaterra

- El verdadero nombre de Lucy es Lucia Roberta Tough Bronze, que con el tiempo terminó convirtiéndose en «Lucy».

- Ha jugado en las ligas de Inglaterra, Francia y España, y siempre ha sido una jugadora muy destacada.

- Ha ganado la Champions League cinco veces, tres de ellas con el Olympique de Lyon y otras dos con el Barcelona.

- En 2022 Lucy se proclamó campeona de Europa con la selección inglesa.

El bumerán

Lucy Bronze demuestra todas sus habilidades en cada momento. Sobre el césped suele realizar sorprendentes maniobras complejas como, por ejemplo, este regate: la rival se queda parada y perpleja entre Bronze y el balón.

PASO 1: Podrás conseguir un bumerán perfecto cuando un compañero te pase una pelota rasa. Corre un par de pasos en dirección al balón y golpéalo...

PASO 2: ... en diagonal con el exterior del pie izquierdo para que el efecto de rotación lo haga girar a la izquierda y hacia atrás. Cuando el balón salga despedido a la izquierda de tu oponente, te giras...

PASO 3: ... hacia la derecha y corres rodeando por la derecha a tu adversario: el balón pasa por un lado y tú, por el otro.

PASO 4: Antes de que tu oponente se dé cuenta de lo que está pasando, habrás llegado al balón y habrás dejado atrás al defensa.

39

Robert Lewandowski

**Nació el 21-08-1988
En Varsovia, Polonia
Delantero
Selección nacional de Polonia**

- Con padres deportistas, no es de extrañar que el máximo goleador de Polonia también acabara practicando fútbol a nivel profesional. Su padre fue campeón europeo de judo y su madre jugó en la liga alemana de voleibol.

- Ha marcado más de 600 goles en su carrera. Ha sido dos veces Bota de Oro (máximo goleador mundial), y máximo goleador de la Liga alemana (siete veces) y de la Liga española (una vez).

- Ha ganado diez veces la Liga alemana y una vez la Liga española, con el Barcelona. Y ganó una Champions League, en 2020, con el Bayern de Múnich.

Juego en equipo

Lewandowski siempre está atento para localizar a los compañeros desmarcados y enviarles rápidamente el balón en un pase que, algunas veces, se convierte en una asistencia de gol. ¿Cómo? Ahora lo sabrás.

PASO 1: Retén el balón un instante, busca un compañero en buena posición y coloca la punta del pie debajo del balón.

PASO 2: Tu compañero de equipo debe mantener la vista en el balón mientras tú se lo pasas elevándolo...

PASO 3: ... para que, mientras aún está en el aire, ejecute un disparo a puerta con el empeine.

Consejo de profesional:
No pierdas de vista al equipo contrario porque algún rival podría colarse para interferir en la jugada y llevarse el balón con el pecho.

Aitana **Bonmatí**

Nació el 18-01-1998
En Vilanova i la Geltrú, España
Centrocampista
Selección nacional de España

- Aitana es, desde pequeña, entusiasta del fútbol y jugó desde el principio en equipos mixtos. Su ídolo era el futbolista español Xavi.

- A los 13 años, pasó al equipo femenino del Barcelona. Juega allí desde 2016.

- Aitana ya ha publicado la historia de su vida en un libro comprometido con los derechos humanos.

- En el Mundial de 2023 se proclamó campeona del mundo con la selección española y también fue elegida mejor jugadora del torneo. En 2023 también recibió el Balón de Oro que la reconocía como mejor futbolista del mundo.

El giro de 360 grados

Aitana Bonmatí es una de las mejores futbolistas del mundo. Por tanto, no sorprende a nadie que domine casi todos los trucos futbolísticos. Este giro sobre el balón, que Zinédine Zidane ejecutaba a la perfección, requiere práctica. Después de efectuarlo, te permite salir corriendo, con el balón dominado.

PASO 1: Corre con el balón pegado al pie y reduce progresivamente la velocidad hasta que puedas subirte sobre el balón con el pie derecho. Simultáneamente, empieza a girar el torso...

PASO 2: ... hacia la izquierda. Tan pronto como estés sobre el balón, impúlsate con él hacia arriba y sigue girando todo el cuerpo. Sin apoyar un pie en el suelo...

PASO 3: ... salta del balón con el pie derecho y coloca el otro encima de él. ¡Sigue girando a la izquierda! Con el pie derecho en el suelo, mueve el balón con el otro...

PASO 4: ... hacia atrás. Acaba el giro y con el interior del pie derecho llévate el balón y sigue avanzando con él por el terreno de juego.

Jude **Bellingham**

Nació el 29-06-2003
En Stourbridge, Reino Unido
Centrocampista
Selección nacional de Inglaterra

- A la edad de 15 años, Jude Bellingham jugaba tan bien que se le permitió jugar en el equipo sub-23 del Birmingham City. En agosto de 2019, disputó su primer partido como profesional.

- Con 16 años, fue el jugador más joven en vestir la camiseta del Birmingham City en un partido oficial. Solo seis días después, logró su segundo récord: con su gol de la victoria contra Stoke City, se convirtió en el goleador más joven en la historia del club.

- También ha jugado en las selecciones sub-16, sub-17 y sub-21 de Inglaterra, hasta que se ha convertido en internacional absoluto.

- Es una de las estrellas del Real Madrid, equipo con el que ya ha ganado la Champions League.

El túnel de tacón

Jude Bellingham es muy conocido por sus pases a compañeros situados a una gran distancia y por sus disparos a puerta, que a menudo se cuelan por la escuadra. Pero también sabe regatear y desbordar. Aquí mostramos cómo puedes hacer que el balón pase entre las piernas de tu oponente.

PASO 1: Cuando veas venir el balón, gírate, dale la espalda a tu contrincante y apoya todo el peso sobre el pie izquierdo.

PASO 2: Detén el balón con el pie derecho y sitúalo delante de ti.

PASO 3: Inclínate hacia adelante y mueve la pierna izquierda atrás, como si tomaras impulso para chutar adelante. Pero pasa el pie por encima del balón sin tocarlo...

PASO 4: ... y golpéalo con el talón para que pase entre las piernas de tu rival. Es posible que pierdas el equilibrio al hacerlo, como si tropezaras, por eso tienes que practicar.

Neymar

Nació el 05-02-1992
En Mogi das Cruzes, Brasil
Delantero
Selección nacional de Brasil

- En 2014, la Copa del Mundo
  se celebró en la patria de Neymar.
  El delantero fue el jugador destacado
  de la selección brasileña antes de
  lesionarse gravemente en los cuartos
  de final, lo que le impidió seguir
  jugando.

- En los Juegos Olímpicos de 2016,
  en Río de Janeiro, lideró al equipo
  olímpico brasileño como capitán
  hacia la medalla de oro. En la final
  contra Alemania, anotó el gol
  decisivo en la tanda de penaltis,
  que terminó 5-4.

- Fue elegido Futbolista Sudamericano
  del Año en 2011 y 2012.

- En 2015, ganó la Champions
  League con el Barcelona.
  Y dos años después, en 2017,
  fichó por el Paris Saint-Germain,
  por una cifra récord de
  222 millones de euros
  en concepto de traspaso.

El truco de Okocha

Neymar ataca incesantemente y parece tener energía ilimitada. Como uno de los mejores delanteros del mundo, domina innumerables fintas, trucos y regates, como este, que aprendió del gran futbolista nigeriano Okocha. Cuando domines este truco con seguridad, tu adversario lo tendrá muy difícil.

PASO 1: Corre con el balón hacia tu oponente. Coloca el pie derecho delante del balón y mueve este con el pie izquierdo a lo largo del tacón derecho.

PASO 2: Sujeta brevemente el balón con ambos pies, y colócalo con el pie izquierdo sobre el talón del pie derecho.

PASO 3: Salta impulsándote con ambos pies, pero levanta el pie derecho para lanzar el balón hacia arriba con el talón, por encima de tu cabeza...

PASO 4: ... ¡y la de tu sorprendido adversario! Rebásalo y recoge el balón, ¡quizá puedas disparar a puerta!

Toni **Kroos**

Nació el 04-01-1990
En Greifswald, Alemania
Centrocampista
Selección nacional de Alemania

- En su primer club, Kroos entrenó junto a su hermano Felix bajo la dirección de su padre, Roland.

- Cuando el habilidoso jugador hizo su debut con el Bayern de Múnich en 2007, se convirtió en el jugador más joven de la historia del club en ese momento. Tenía 17 años.

- Kroos es uno de los pocos futbolistas que han ganado seis Champions League, una con el Bayern de Múnich y cinco con el Real Madrid.

- Con la selección alemana fue campeón del Mundial de Brasil, en el año 2014.

- A través de su fundación ayuda a niños y adolescentes con problemas de salud: les proporciona terapias costosas y les ayuda a salir adelante.

Sigue, sigue, sigue

A menudo, Kroos se abre camino hacia la portería contraria mediante maniobras de distracción. Puede quitar el balón a sus adversarios con facilidad y suele salir airosamente de la presión a la que se ve sometido en el terreno de juego. A continuación, uno de sus muchos trucos.

PASO 1: Mueve el balón con el pie derecho hacia la izquierda. Sin embargo, en lugar de llevártelo con el pie izquierdo...

PASO 2: ... coloca el pie izquierdo delante del balón y deja que este ruede entre tus piernas. Como tu cuerpo está encarado al contrincante, este no notará...

PASO 3: ... que la pelota está siguiendo una trayectoria completamente distinta. Encara el balón con un giro rápido ¡y ya te habrás librado de tu rival!

Kevin **De Bruyne**

Nació el 28-06-1991
En Drongen, Bélgica
Centrocampista
Selección nacional de Bélgica

- Como la mayoría de los futbolistas profesionales, De Bruyne comenzó en el club de su ciudad natal, el KVV Drongen.

- En 2014 fue embajador oficial de los Juegos Olímpicos Especiales para deportistas con discapacidades intelectuales. Para un cartel publicitario, modificó su rostro para que pareciera que tenía síndrome de Down.

- El año 2015 fue muy importante para el belga. Fue elegido Jugador del año de Alemania, como futbolista del Wolfsburgo, y Deportista del año en Bélgica.

- Los mayores éxitos de su carrera los ha logrado en el Manchester City: ha ganado seis veces la Premier League y una vez la Champions League, en 2023.

El giro de 270 grados

De Bruyne sale en busca del gol con avances rápidos y pases largos. Para no perder el balón en el intento, a menudo realiza fintas acrobáticas con las que confunde a sus adversarios. En esta, se gira sin desviarse de su trayectoria hacia la portería rival.

PASO 1: En plena carrera con el balón, finge un disparo o un pase.

PASO 2: Pero, en lugar de enviar la pelota hacia adelante en la dirección que espera tu contrincante, dirígela rápidamente con el tacón derecho hacia la izquierda.

PASO 3: Para acabar de confundir a tu oponente, en vez de precipitarte hacia el balón, gira sobre ti mismo hacía la derecha.

PASO 4: Seguramente tu rival aún no se ha percatado de la dirección a la que quieres ir, así que rebásalo con rapidez, llévate el balón y ¡dispara a portería!

51

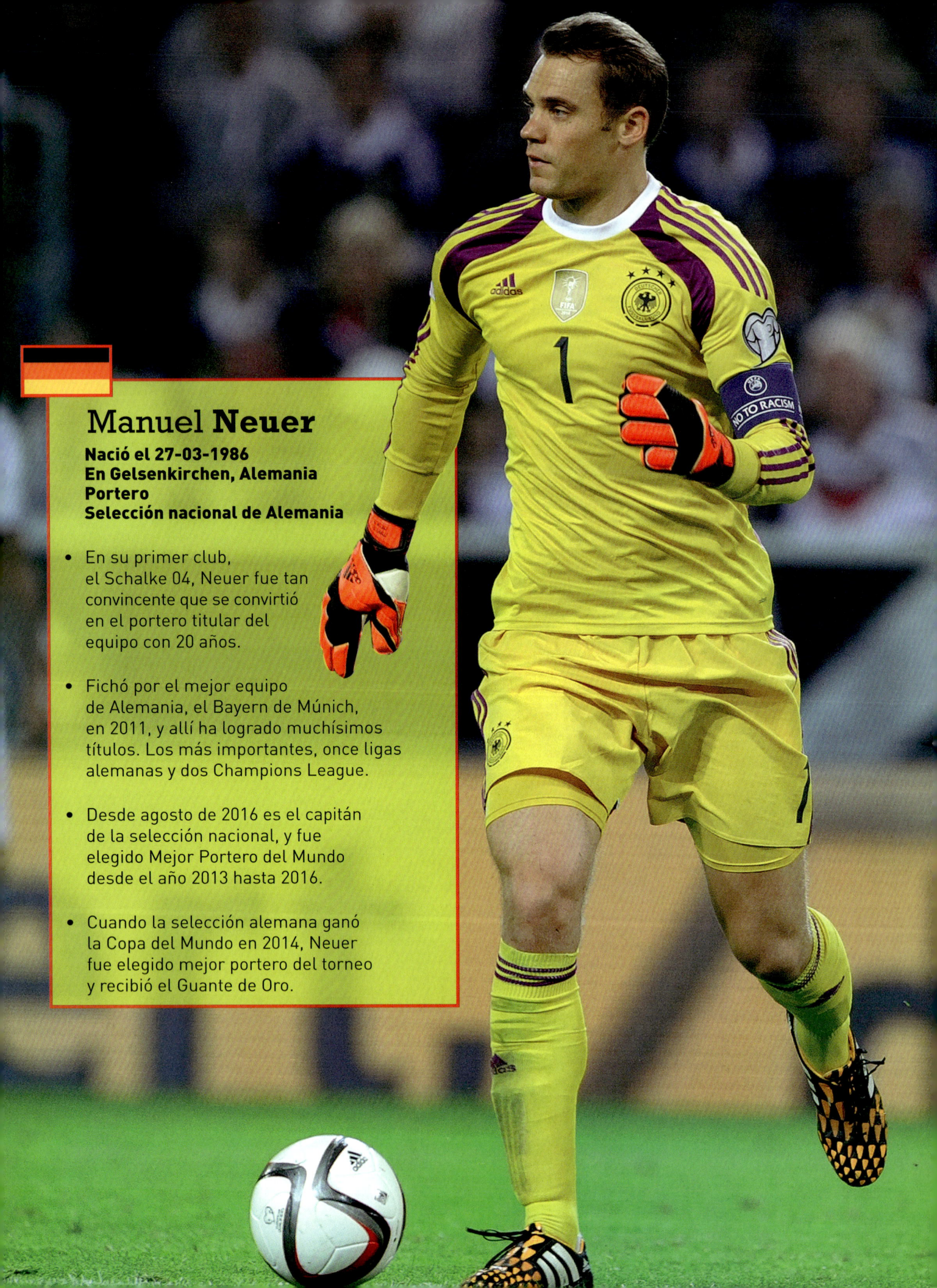

Manuel **Neuer**

Nació el 27-03-1986
En Gelsenkirchen, Alemania
Portero
Selección nacional de Alemania

- En su primer club,
  el Schalke 04, Neuer fue tan
  convincente que se convirtió
  en el portero titular del
  equipo con 20 años.

- Fichó por el mejor equipo
  de Alemania, el Bayern de Múnich,
  en 2011, y allí ha logrado muchísimos
  títulos. Los más importantes, once ligas
  alemanas y dos Champions League.

- Desde agosto de 2016 es el capitán
  de la selección nacional, y fue
  elegido Mejor Portero del Mundo
  desde el año 2013 hasta 2016.

- Cuando la selección alemana ganó
  la Copa del Mundo en 2014, Neuer
  fue elegido mejor portero del torneo
  y recibió el Guante de Oro.

El pase sin mirar

«Vaya, ¿qué acaba de pasar?», pensarán todos los jugadores cuando emplees este truco como portero. No solo sorprenderás a los adversarios, sino también a tus compañeros de equipo. Por eso, más vale que les avises antes de intentar por primera vez el pase sin mirar.

PASO 1: Mientras corres con el balón, busca con la mirada a un compañero de equipo desmarcado al que puedas pasárselo.

PASO 2: Entonces, gira en la dirección contraria todo tu cuerpo y en el último momento también la cabeza...

PASO 3: ... pero pásale el balón a tu compañero, al que has dejado de mirar hace un instante, pero al que habías elegido mientras avanzabas.

Consejo de profesional:
La jugada aún resulta más contundente si, además de girar el cuerpo y la cabeza, señalas con la mano en la dirección fingida. Y no te olvides: ¡mira siempre de forma intensa y convincente!

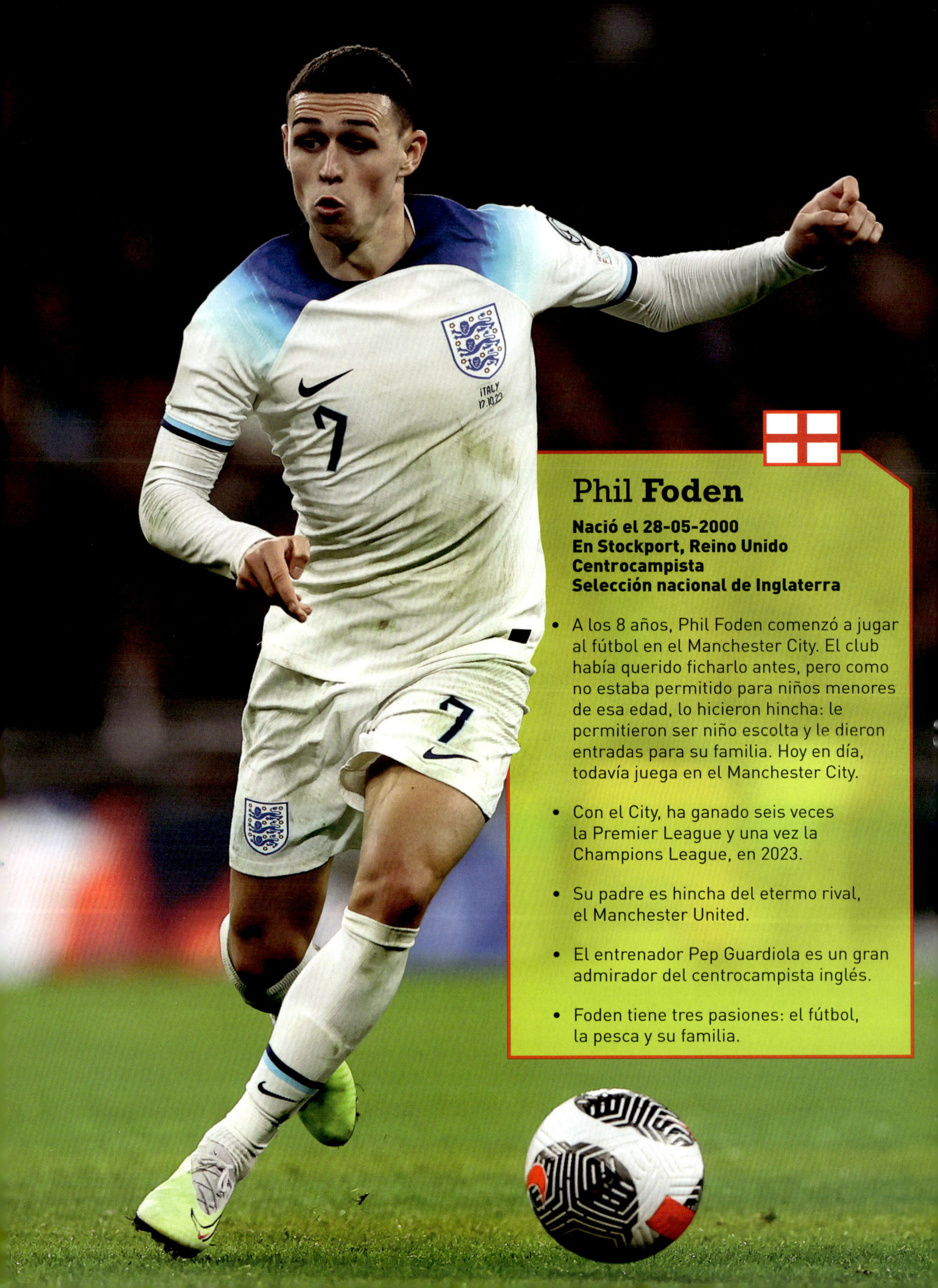

Phil **Foden**

Nació el 28-05-2000
En Stockport, Reino Unido
Centrocampista
Selección nacional de Inglaterra

- A los 8 años, Phil Foden comenzó a jugar al fútbol en el Manchester City. El club había querido ficharlo antes, pero como no estaba permitido para niños menores de esa edad, lo hicieron hincha: le permitieron ser niño escolta y le dieron entradas para su familia. Hoy en día, todavía juega en el Manchester City.

- Con el City, ha ganado seis veces la Premier League y una vez la Champions League, en 2023.

- Su padre es hincha del eterno rival, el Manchester United.

- El entrenador Pep Guardiola es un gran admirador del centrocampista inglés.

- Foden tiene tres pasiones: el fútbol, la pesca y su familia.

El pequeño salto

Aquel que se interponga en el camino de Foden puede esperar cualquier jugada, por inesperada que pueda parecer. Este talentoso jugador no se deja apartar fácilmente de su objetivo, que es la portería. Si un adversario se coloca justo delante de él, emplea un regate muy inteligente. ¿Conseguirás dominar pronto este pequeño salto?

PASO 1: Inicia la finta con la pelota junto al interior del pie derecho. Levanta la pierna derecha un poquito y traslada todo tu peso a la pierna izquierda.

PASO 2: Salta con tu pierna izquierda hacia delante y en diagonal. El pie derecho se lleva consigo el balón sin apoyarse. Tu adversario sigue pensando que jugarás hacia la izquierda, pero...

PASO 3: ... en cuanto aterrices de tu saltito, mueve el balón con el exterior de tu pie derecho hacia la derecha.

PASO 4: Te escaparás fácilmente de tu rival con un rápido cambio de ritmo.

Thomas **Müller**

Nació el 13-09-1989
En Weilheim, Alemania
Delantero
Selección nacional de Alemania

- Cuando era niño, quería ser ingeniero. Pero su talento futbolístico y su vínculo con el Bayern de Múnich le convencieron para que se dedicara al fútbol.

- El Mundial 2010 fue el primer torneo internacional en el que jugó con la selección alemana absoluta. El equipo llegó a semifinales, y Thomas fue el máximo goleador del torneo y el mejor jugador joven.

- Ha jugado toda su vida en el Bayern de Múnich, equipo con el que ha ganado doce veces la Bundesliga y dos veces la Champions League. Además, ganó el Mundial de 2014 con la selección alemana.

- En su tiempo libre juega al golf y al *Schafkopf*, un juego de cartas típico de Baviera, va al cine y pasea con su perro.

Driblar en zigzag

Este habilidoso futbolista ha celebrado muchos éxitos. Eso no es ninguna sorpresa: Müller se conoce todos los trucos típicos y, por supuesto, también el que vamos a contar a continuación. Driblar en zigzag no resulta muy difícil y lo mejor es que, incluso ante defensas experimentados, esta maniobra de despiste funciona casi siempre.

PASO 1: Mientras avanzas corriendo, dirige el balón un poco hacia la derecha.

PASO 2: Entonces, con convicción, finge un chut con la pierna derecha.

PASO 3: Pero, en lugar de disparar, llévate la pelota con el interior del pie derecho...

PASO 4: ... hacia la izquierda, para después seguir jugando con el pie izquierdo. Seguro que al defensa le costará recuperarse del inesperado cambio de dirección.

Pedri

Nació el 25-11-2002
En Tenerife, España
Centrocampista
Selección nacional de España

- Su nombre completo es Pedro González López.

- Pedri es de Tenerife, aunque comenzó su carrera profesional en Las Palmas, en la segunda división española.

- En 2020 fichó por el Barcelona y de inmediato jugó en el primer equipo. Y en 2023 se proclamó campeón de la Liga española.

- Desde 2021 juega en la selección española. En la Eurocopa de 2021 fue elegido mejor jugador joven del torneo.

El amago de tiro a puerta

Como centrocampista fuerte en los duelos, Pedri muestra no solo precisión en el pase, sino también peligro de gol. Ante este amago de tiro a puerta, su defensor opta por no realizar una barrida, y eso le permite mantener el balón. Descubre cómo se las apaña para crear peligro de gol.

PASO 1: Si aún no puedes chutar a gol porque se interpone un defensa, amaga el tiro a puerta.

PASO 2: Deja que el balón ruede un poco entre tu oponente y tú.

PASO 3: Luego envía el balón más allá de tu adversario ¡y ya tienes vía libre para tirar a puerta!

Consejo de profesional:
En el caso de que haya más defensas en tu camino, puedes emplear alguno de los otros trucos descritos en este libro.

Lena **Oberdorf**

Nació el 19-12-2001
En Gevelsberg, Alemania
Centrocampista
Selección nacional de Alemania

- Su carrera profesional comenzó en el SGS Essen de la Bundesliga Femenina.

- Desde 2018 juega en la selección nacional de Alemania. En la Eurocopa 2022 fue reconocida como la mejor jugadora joven.

- Fue campeona de Europa sub-17 con la selección alemana y ha ganado una Bundesliga con el Wolfsburgo. Ahora juega en el Bayern de Múnich.

El paso atrás

Oberdorf es conocida por su seguridad y su habilidad excepcional con el balón. Lo que la distingue aún más es su técnica y su gran potencia de disparo. Por supuesto, también domina este truco clásico. ¿Y tú? ¡Todo es cuestión de práctica!

PASO 1: Justo cuando el defensa piensa «¡Te voy a robar el balón!», coloca el pie derecho sobre el esférico y muévelo un poco hacia atrás con la suela.

PASO 2: A pesar de estar en una posición oblicua, necesitas asentarte con firmeza sobre la pierna izquierda. Desplaza el balón con el interior del pie derecho por detrás de tu cuerpo...

PASO 3: ... hacia la izquierda, rebasando al contrario. Si aceleras rápidamente, ¡tienes vía libre!

Consejo de profesional:
Al realizar este truco debes tener cuidado de que tu adversario no golpee tu pierna de soporte. Eso no solo resultaría doloroso, sino que además supone riesgo de acabar en el suelo.

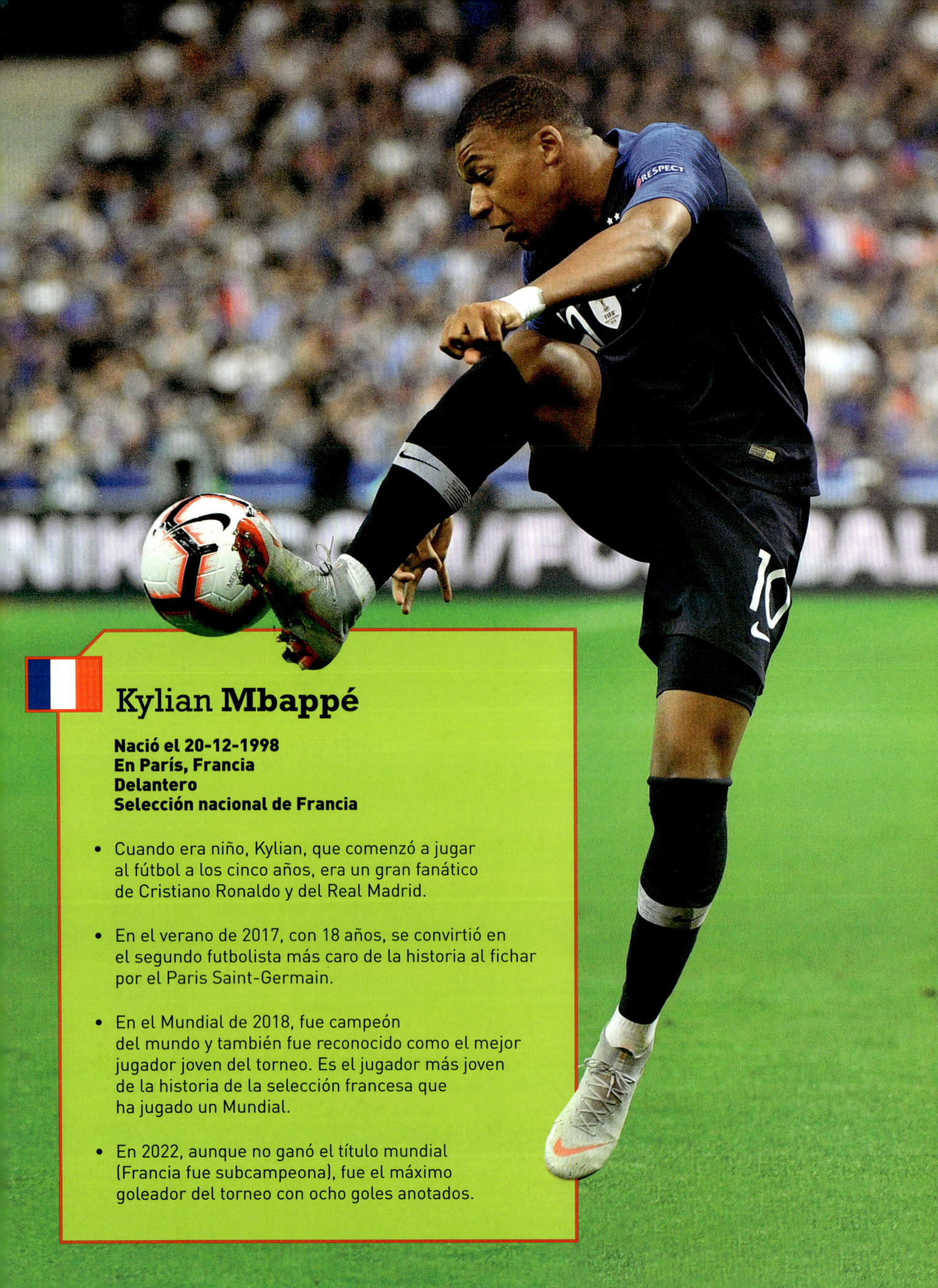

Kylian **Mbappé**

Nació el 20-12-1998
En París, Francia
Delantero
Selección nacional de Francia

- Cuando era niño, Kylian, que comenzó a jugar al fútbol a los cinco años, era un gran fanático de Cristiano Ronaldo y del Real Madrid.

- En el verano de 2017, con 18 años, se convirtió en el segundo futbolista más caro de la historia al fichar por el Paris Saint-Germain.

- En el Mundial de 2018, fue campeón del mundo y también fue reconocido como el mejor jugador joven del torneo. Es el jugador más joven de la historia de la selección francesa que ha jugado un Mundial.

- En 2022, aunque no ganó el título mundial (Francia fue subcampeona), fue el máximo goleador del torneo con ocho goles anotados.

El dribling de 360 grados

Tanto al hacer un regate como al dar un pase, pocos futbolistas controlan el balón de forma tan segura como lo hace Mbappé. Incluso dentro del área mantiene la compostura y da pases precisos. Para ello es imprescindible que el delantero no pierda la pelota bajo ninguna circunstancia. Con este giro a lo Mbappé, también tú lo conseguirás.

PASO 1: Avanza hasta el defensa y haz como si quisieras rebasarlo por la derecha. De este modo, lo atraerás a tu izquierda. En lugar de seguir corriendo, colócate entre el defensa...

PASO 2: ... y el balón. Entonces, desplaza la pelota acompañándola con la parte exterior del pie derecho. Y a la vez, gira en círculo lentamente sobre tu propio eje.

PASO 3: El adversario se acompasa a tus movimientos. Apoya solo un poco el pie derecho en el suelo, para seguir girando, ¡pero no te olvides de proteger el balón!

PASO 4: Acelera hasta completar casi totalmente el giro y supera al defensa, para seguir avanzando hacia la portería.

Preguntas sobre fútbol

1. ¿Quién marcó el gol decisivo en la final del Mundial 2010?

2. ¿Cuánto debe medir un campo de fútbol en longitud, como mínimo, en partidos profesionales internacionales?

3. ¿Cuál es el equipo con más títulos mundiales?

4. ¿Qué club juega en el estadio Santiago Bernabéu?

5. ¿Qué jugador ha sido campeón del mundo tres veces?

6. ¿Cuántas finales de la Eurocopa se han decidido con gol de oro?

7. ¿Cuánto mide de alto una portería de fútbol?

8. ¿De qué ciudad es el Chelsea?

9. ¿Cuál es el equipo con más títulos de Champions League?

10. ¿Qué equipo perdió la final de la Liga de Campeones en 1999 por dos goles en el tiempo de descuento?

11. ¿Cuánto puede medir de ancho, como máximo, un campo de fútbol en partidos profesionales internacionales?

12. ¿Qué dos equipos juegan sus partidos en casa en el estadio Giuseppe Meazza?

13. ¿Quién fue el primer campeón del mundo en 1930?

14. ¿Qué jugador, ganador del Balón de Oro, fue expulsado en la final del Mundial 2006?

15. ¿Cuánto mide de ancho una portería de fútbol?

16. ¿Cómo se llama la federación europea de fútbol?

17. ¿Qué club juega en Old Trafford?

18. ¿Quién fue el sorprendente campeón de la Eurocopa en 2016?

19. ¿Qué exfutbolista alemán fue campeón del mundo como jugador y como entrenador?

20. ¿Quién ganó el Mundial femenino de fútbol en 2023?

Respuestas:

1. Andrés Iniesta (1:0 para España)
2. 100 metros
3. Brasil (5 títulos)
4. Real Madrid
5. Pelé
6. 2 (1996, 2000)
7. 2,44 metros
8. Londres
9. El Real Madrid
10. Manchester United (2:1 contra el Bayern de Múnich)
11. 75 metros
12. AC Milán e Inter de Milán
13. Uruguay
14. Zinédine Zidane
15. 7,32 metros
16. UEFA
17. Manchester United
18. Portugal
19. Franz Beckenbauer
20. España